Chloe va a la psicóloga

Rosa María Rodríguez Téllez
Ilustraciones Tatiana Muñoz

A todos los valientes
que empiezan la terapia.

Chloe lleva un tiempo muy triste, sobre todo desde que sus padres se han separado.

No sabe por qué pero no tiene ganas de salir a jugar por las tardes con sus amigos.

A veces está enfadada y tampoco sabe por qué. Otras, cree que son celos de su hermano pequeño.

—¡David se lleva todos mis juguetes y me los rompe! —grita con rabia a su mamá.

Anoche, Chloe tuvo una larga pesadilla y se hizo pipí en la cama.

—¿Qué me ocurre? —se pregunta preocupada.

Últimamente a Chloe le va mal en casi todo.

Abrazar a su perrito Blanquito
es lo único que le relaja.

Puede pasarse horas con él,
que eso no le cansa.

Blanquito le hace feliz.

Hoy Julia, la mamá de Chloe, la lleva por primera vez a la psicóloga.

Está preocupada por la salud mental de su hija.

PSICÓLOGA

En la consulta, la psicóloga tiene una conversación con Chloe a solas.

Hablan de lo que le preocupa, de sus miedos, de sus enfados e incluso de la pena que siente por la separación de sus padres.

¡Hasta ha hecho un dibujo de su familia!

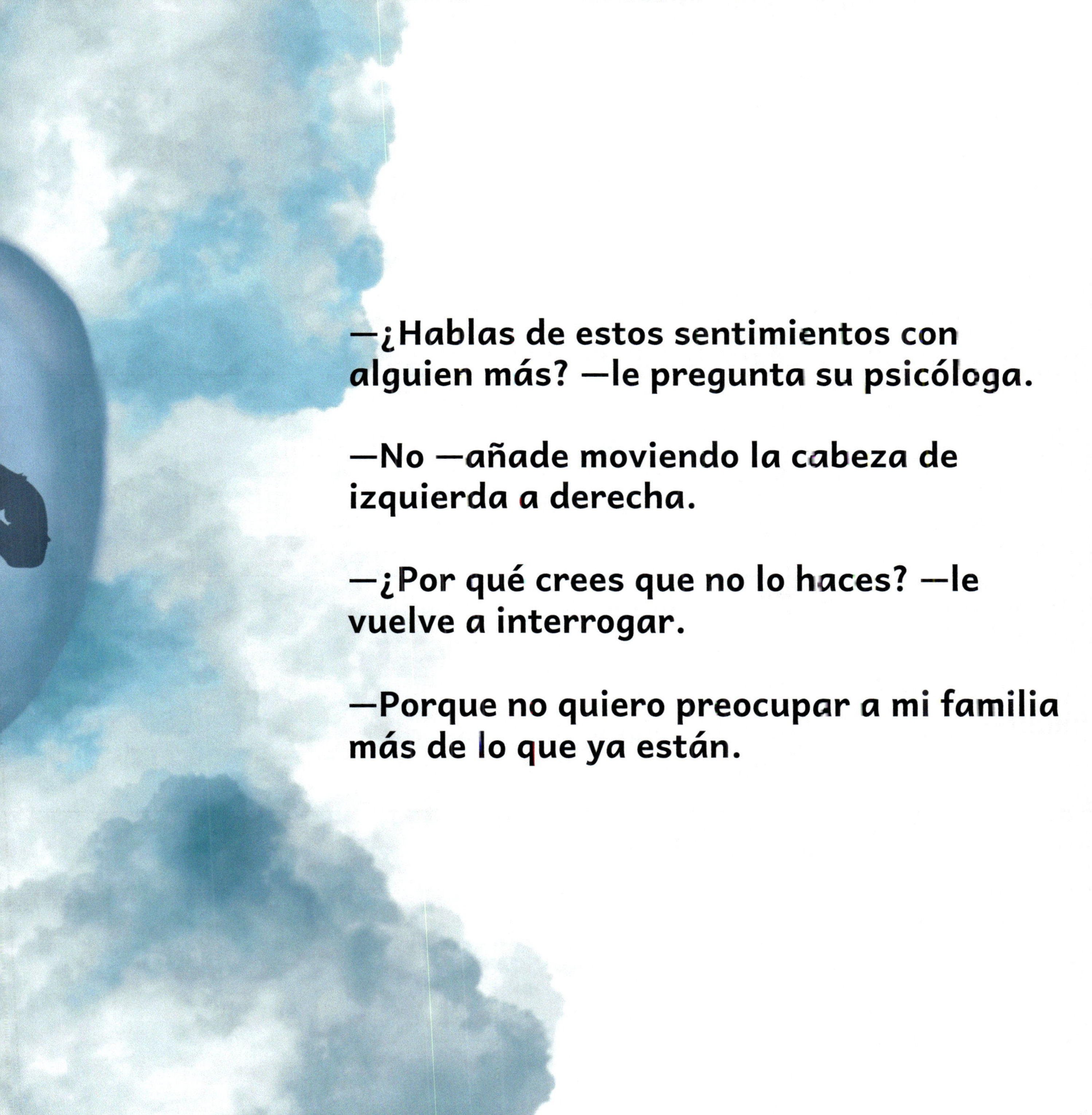

—¿Hablas de estos sentimientos con alguien más? —le pregunta su psicóloga.

—No —añade moviendo la cabeza de izquierda a derecha.

—¿Por qué crees que no lo haces? —le vuelve a interrogar.

—Porque no quiero preocupar a mi familia más de lo que ya están.

Papá está enfadado siempre o muy ocupado, mamá
llora a escondidas y David es un enano —afirma.
—No quiero verlos sufrir —pronuncia con tristeza.

—¿Cómo te sientes ahora al contármelo a mí? —le pregunta la psicóloga.

—Aliviada, siento que me he quitado un peso de encima —suspira Chloe.

—Entonces, ¿repetiremos? —exclama ilusionada su psicóloga.

—¡Síííííí! —contesta Chloe.

—Cuando ponemos palabras a lo que nos duele, ese dolor baja la intensidad, pero sobre todo, baja cuando lo compartimos con otra persona.

—¿Cómo cuando enfrías la leche pasándola de un vaso a otro? —pregunta intrigada.

—¡Maravillosa reflexión, Chloe!

Chloe le sonríe, esa sonrisa le recuerda a la felicidad y desea sentirse así más veces.

Al salir de la consulta Chloe le dice a su mamá:

—Mi psicóloga se llama Cristina y quiero venir a verla más veces.

—¡Cuánto me alegro, hija! —expresa su mamá al ver su reacción.

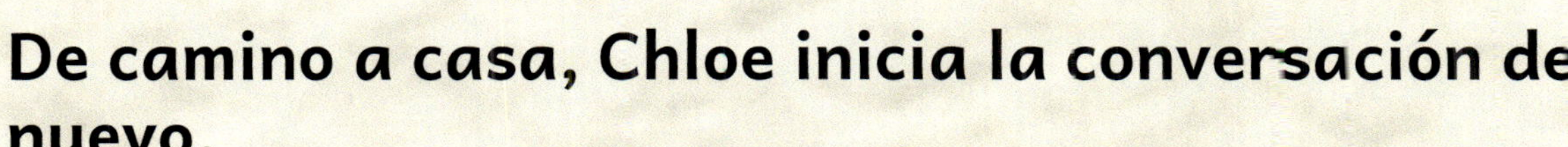

De camino a casa, Chloe inicia la conversación de nuevo.

—Mamá, todos tendríamos que tener una psicóloga en nuestra vida.

—¿Y eso por qué? —pregunta intrigada Julia.

—Porque es como ir a tirar la basura, te enseña a desechar lo que no te ayuda.

—¿Lo llamaremos el basurero emocional, entonces?

Ambas ríen a carcajadas.

—No, mejor reciclaje emocional,
mamá.

—¡Genial! Me parece brillante tu
propuesta —confirma con
determinación Julia.

Tristeza
Alegría
Miedo
Fe

Chloe aprendió que, cuando escuchas lo que sientes por dentro, las emociones duelen menos y se transforman. Este ejercicio te ayudará a hacer lo mismo.

1. Busca un lugar tranquilo.
Respira suave y, al soltar el aire, imagina que estás apagando la llama de una vela
con cariño. Hazlo tres veces.

2. Pregúntale a tu cuerpo:
¿Cómo me siento ahora?
¿Dónde noto esa emoción en mi cuerpo?

A veces se siente como un nudo, una piedra, un cosquilleo, calor o algo apretado.
Solo escucha con atención.

3. Dibuja lo que sientes.
En una hoja, dibuja esa emoción. Usa colores, formas, símbolos... lo que te salga.

Piensa:
¿Qué color tiene?
¿Qué forma?
¿Se mueve o está quieta?
¿Es grande o pequeña?

4. Ponle un nombre o una frase.
Después del dibujo, escribe un nombre para esa emoción. Puede ser algo como
"tristeza", "rabia" o una palabra inventada como "blandita" o "fuego".

No hace falta entenderlo todo. Solo al dibujarlo ya estás sacándolo fuera.

Hacer este ejercicio de vez en cuando te ayuda a cuidarte y conocerte mejor.

Como Chloe, tú también puedes aprender a calmar lo que duele por dentro.

Dibuja aquí tus emociones

Título original: Chloe va a la psicóloga

Autora: Rosa María Rodríguez Téllez @graciasvidaobra

Ilustración: Tatiana Muñoz @tatiana_psicologia

Publicado por Editorial Gusanillo 2025

Redes sociales de la editorial: @editorialgusanillo

Página web de la editorial: www.editorialgusanillo.es

Impreso y encuadernado en España

Código de Depósito Legal: V-905-2025

ISBN: 979-13-87530-25-9